JN189192

「個全システム」によるミーティング革新

〝横から目線〟のチームワーク化が
会議の質を高める

藤田英夫

ダイヤモンド社

序

「個全システム」は、私が「組織革新研究会」のキャンパスリーダーに就くに際して開発したミーティング手法である。この手法を語るには、私がその必要に迫られることになった「組織革新研究会」について、たとえわずかでも記しておかなければならない。

関連する企業の中では「組革研」と呼ばれているこの研究会は、企業人のための存在である。そのスローガンは「変わる原体験」。

創設は一九七一年。会期は五日間、年に一〇会期が開かれている。今（二〇一八年五月）までの参加会社は二、二二八社、参加者は五一、四三九人。

設立動機となったものは、国内は元より海外まで知られたソニー厚木工場におけるマネジメントの大革新である。その巨歩を〝種火〟とし、叩き台として、普遍の「人と組織」変革の途を求めて、小林茂（ソニー常務取締役・当時）と私とで創設した集いである。

この研究会は、いわゆる研修会やセミナーとは似て非なるものであって、前記スローガンの下、本ものの革新的な「人・仕事関係[*1]」を実体験する場である。

「人・仕事関係」とは、「人と仕事との係わりかた」を指している。一般的には意識化されている概念ではないが、その実体は企業の中に歴然として存在している。

それには、大別して正反対の二種がある。人間が仕事の「主」となっているそれと、人間が仕事の「道具」と化しているそれである。多くの企業の中の言葉は「人を大事に」「人を育てる」だが、それを実現するマネジメントの実体は完全なまでに後者に陥っている。

前者を実体験する場が「組革研」であり、「個全システム」は、そのための手法であり、道具である。

藤田英夫

「個全システム」によるミーティング革新　目次

第1部

「個全システム」はこういうミーティング手法だ

1 「横から目線」の組織化／芋洗いの論理

個なくして全なし、全なくして個なし

組織の理想の姿は、それを構成する人びとの「個」が顕然としていること、しかもそれらが発展的に統合されて「全」となっていること、即ち、一人ひとりの「人間力」[*2]が相互作用してみんなが目標と思いを共有し、主体的、創造的に動くことが体質化している状態であろう。

予てより、「個」と「全」はともすると対峙するかのような相対関係として捉えられ、それが議論の対象となってきた歴史がある。それに対して私は、両者を相互依存関係、個なくして全はありえず全なくして個はありえない、そのような関係として捉えているのである。

この両者をいずれの関係にするかは、いつにマネジメントのありかたにかか

っている。

日本人には個の意識が軟弱である、とよく言われてきた。それに対してさらに「人を道具として」[*3]の人間観が衝撃的な追い討ちをかけてきたのであった。管理の発想による全の実現のために個を犠牲にし、埋没させてきたのだ。

その当然の結果として、今日の我われ日本人は、金太郎飴と自らを揶揄(やゆ)するほどの画一凡才となってしまっている。多くの個の「人間力」の種子はフリーズされたまま、その一部は腐れの方向へと歩んでいる懸念さえ覚えるほどになっている。

くり返し申す。個なくして全なく、全なくして個なし。

〝上〟からの、横からの、〝下〟からの力

組織の中の一人ひとりには、三方向からの力の作用がある。〝上〟からの力、横からの力、〝下〟からの力である。斜めからの力もあろうが略す。

人間に作用するものとして、この中で最も弱いのが〝上〟からの力、時として最も強いのが〝下〟からの力、そしてそれ相当に強くかつ実用的であるのが横からの力である。

と言うと、現実には上からの力によって人びとは動いているではないか、ということになろう。その通り。動かざるをえないからだ。そこに権力が作用しているからである。

「管理」の下では、上長が部下を動かす主要な力は権力という他力だ。管理はマネジメントに非ずだと私は考えているのだが、その議論はさておく。

では、望ましきマネジメントにおいては権力の作用はないか。ある。

と言うのは、一つは、人間である上長にとってその種の意識をゼロにすることは不可に近いということ。もう一つはそれ以上に、たとえ上長の意識がどうあっても、〝下〟という立場は、無意識のうちに〝上〟を権力が付きまとっている存在として見ていることだ。したがって望ましきマネジメントにおいても、意図せざる権力による作用は付いて回る。

権力によっては人間の心は動かない。その結果として人びとから出てくる力は、いたしかたなく動く「道具力」[*4]でしかない。

〝下〟からの力がなぜ強いか。人間から発せられる自力であり、平常のそれには権力による作用が無いからだ。だが、組織運営における実用性は無きに等しい。

そこで、横からの力ということになる。その横組織化である。この場合の〝上〟からの働きかけは、横どうしの力を相互作用させ合い、それに拍車をかけていくという、間接作用する力だ。

即ち「横から目線」の組織化である。

芋洗いのミーティング化

かつての農村などでの芋洗いをイメージしてほしい。「対象」たる芋を桶に入れ、そこに水を充分に加え、攪拌棒で掻き回す。無作法な表現だが芋が「人びと」、水が「状況」、桶が「課題」、攪拌棒が「リーダー」である。

生々しい状況という水が行き渡った課題という桶の中で、リーダーの攪拌棒によって人びとの「人間力」が相互作用し、〝連鎖反応〟を起こしながら、思いを共有して目標に向かっていくことになる。

この芋洗いをミーティング化したのが「個全システム」である。

「個全システム」は、私がキャンパスリーダーに就いた第一三六回から第五一二回会期に至る今日まで、三五年間にわたって「組革研」で活用し続けているミーティング手法である。

この項のポイント

- 「個」と「全」の統合はマネジメント次第。
- 望ましきマネジメントにおいても権力の作用はある。
- 「人間力」が相互作用し〝連鎖反応〟を起こしながら目標へ向かう。

2「個全システム」の三つのコア

「個全システム」の開発にあたって、私が狙った三つのコアを記す。

「衆合天才」論・コア①

第一は「衆合天才」論。

一九六〇年代の日本企業における中央研究所ブームで言われた「集合天才」をもじった着想である。「**集合天才**」が学校秀才の集団であるのに対して、「**衆合天才**」は常人の集団である。

ただし、この両集団には決定的に相違するものがある。マネジメントがそれだ。その違いを一言にしてしまえば、前者が足し算的であるのに対して、後者は掛け算的であることだ。

世に天才と言われるお二人と、私は行動を共にしたことがある。その人たちに共通して感じられたものの一つが、ある一点に執念を燃やしつつ、それに対する視点を、自在かつ言下に変えられることであった。

「衆合天才」はここからもヒントを得ている。人びとの視点は画一化しつつあるが、しかしまだ人それぞれを残している。その異なるところを増幅させ、それを掛け合わせることによって、事に対する発想を深掘りしていこうとするものである。

「衆合天才」でノーベル賞などとは言わない。真性天才には及ばない。だが「組革研」では、一夜を費やして驚くほどのレベルまで達するチームが、毎会期二、三チームは出現している。

今までのこの国でのミーティングは、摺り合わせ、即ち互譲的あるいは共通項探し的結論に達するのを意図するものであった。それは、経営課題を欧米に見出すことができた時代にはきわめて有効に機能していたと言えよう。だが今日明日の日本企業は、多かれ少なかれ経営課題の独創性に迫られている。そんなことではやってはいけないであろう。

独創的、創造的な発想は、諸事実の見かた、捉えかた、あるいは消化のしかたと言ったほうがよいであろうか、そのようなきわめて人間的な頭の働きによってのみもたらされる。そこではアウフヘーベン的過程がきわめて重要となってくる。

〔アウフヘーベンとは、『広辞苑』によれば「低い段階の否定を通じて高い段階へと進むが、高い段階のうちに低い段階の実質が保存されること。矛盾する諸契機の発展的統合」とある。哲学者の大河内泰樹さんによれば「花が枯れて種ができる。花だった時の姿は否定されているが、結果的に種の中に花の要素が留まっているというイメージ」[*5]となる。〕

このような発想の訓練は、今の教育には無い。組織文化にも無い。いずれにも完全にゼロだ。したがって、多くの人びとにとってはきわめて苦手とするところであろう。

そこで着想したのが「衆合天才」論である。

常人の着想力を増幅させていくシステムだ。人びとの頭の形は似たようなものだが、その中身となると外形よりは異なる。その異なりを、摺り合わせて均(なら)してしまうのではなく、その共通項を求めるのではなく、互いに向き合い、ぶつかり合って発展的統合感覚で〝交配〟していくのである。

「個全システム」がこれに力を発揮していることは、「組革研」の毎会期で裏付けられているところだ。

「共育」論・コア②

第二は「共育」論。

企業内では、部下に対するに全ては「教える、説明する、指示する、世話をやく」のがリーダーの常道になっている。それらを以ってマネジメントだと思い込んでいる人がほとんどのようだ。それが完全なまでに体質化しているから、それには際限がない。それこそが部下の「人間力」を奪っているという、この大事なことにみじんも気づくことなく。

そこで着想したのが「共育」論である。

これまた「組革研」の毎会期で裏付けられているところだ。

「共育」とは、〝芋〟が〝芋〟を磨いていくことである。こう言い換えてもよい。横どうしが相互作用して、互いに〝教え合って、説明し合って、指示し合って、世話をやき合って〟動いていく、と。

教え合うと言っても、教えるという形式をとるわけではない。だから、互いに教わったとは思わない。ここが重要なところだ。

この着眼点は、何事につけても他人の状態についてはよく見える、というところにある。つまり、自分事についてはついつい自分に都合よく見てそのように消化してしまうのだが、他人事についてはクールに評価し、指摘することができる、ということだ。

たとえ自分もよく似た間違いをしている場合でも、自分のそれには気づかないのに他のそれは見抜いてしまう、という力が我われにはあるらしい。自分の「頭の上の蝿も追えぬ」のに他人のそれは追えるわけだ。「組革研」では、互いに同じ間違いを同時に指摘し合って、互いに笑ってしまうことさえある。

我われ人間の頭の働きかたは、生徒的立場にあるときと、他人事を評価・指摘するという先生的立場にあるときでは、一転してしまうのではないかとさえ思えてくる。あまりにも滑稽なこの力を活用するわけだ。

横から教えられることには権威がない。疑いが付きまとって鵜呑みにはできない。そこが素晴らしいのだ。自ずとその疑問を解こうとするからである。そして、その結果としての産物は自分のものになっていく。

指摘したほうにとってもまた良い。それによって、自ずと自分自身がより深くわかっていくからである。

真性の天才ではないので、相当に高度な問題、あるいは未知の領域の場合にはこうはいかないであろう。しかし、企業の中、学校の中、家庭の中の一般的なことであれば、〝上〟から教えたいことの三分の二はこれによって教えることができる。残りの三分の一はそれこそ教えてしまえばよい。人びとの側に、知ろうとする主体的なニーズができているのだから。

完全「全員参加」のミーティング・コア③

第三は、全員参加の本音のミーティング。

いずれのミーティングにも、必ずと言っていいほど付いて回る現象がある。その最大のものは本音が隠されていることではなかろうか。

我われは、なかなか本音を吐かない。腹の中では×を打っているのに、それを見せない。会議なりミーティングを台無しにしている大きな一つがこれであろう。建てまえみたいなものでやり合った結論に対する人びとの心は、結論とは別方向を向いていることが多々あるのだから。

企業内での会議・ミーティングのやりかたの拙劣さには、私は呆れ返っている。本当には心からの合意なり結論なりを得ようとしているのではないのかもしれない、とさえ思えてくる。

立場が上にいくほど会議は多い。その会議がどれほど経営効率を落としていることか。

いくら求めてもなかなか出てこないのが本音である。「個全システム」を利用することによって、ここは容易に突破することができる。私がかつて「リード」[*6]したある大企業の役員会では、これによって本音が続出し、掴み合いにまでなりかけたことがある。

念のため記しておく。本音でやり合った後の人間関係についてである。どう見ても悪くなったと思えるケースを、私は知らない。むしろ逆だ。本音をぶちまけることによるすっきり感の所以かもしれない。本音によらずして、それが大人の世界だとばかりに憶測を抱え込んでいるからおかしくなるのだ、と多くの例は教えているような気がしてならない。

本音が隠されている以外の、ミーティングをだめにしている主だったものを拾ってみると、次のようなことになろうか。

大きな声が全体を引っぱる。仕切り屋が現れる。黙り屋がいる。他の発言に影響されてすぐふらつく。事実と観念の区別ができない。話がテーマから外れてしまう。わかっていないのにすぐわかったとなる。……等々。毎回の「組革研」の初期も同じだ。

これではミーティングとは言いがたい。こんな状態を解消するのはいとも容易だ。これまた「組革研」の毎会期で裏付けられているところだ。

以上の三つのコアは、掘り下げてみれば一条となって同時達成できるものであった。それが「個全システム」である。

この項のポイント

≫常人の着想力の掛け算システムである。

≫横から教えられることには権威がないから、素晴らしい。

≫出てこない本音が出てくる。

3 「個全システム」のすすめかた

「個全システム」のすすめかたを紹介する。

「個」の顕在化・第1ステージ

第1ステージは、潜在している「個」を顕在化させることである。

それにはまず、「書く」ことからスタートすることだ。

一人ひとりが、「発言」していくのではなく、紙に「書く」ことだ。書く中身は、発言しようとすることの要点だけでよい。

会議であれミーティングであれ、世間一般でのそれは発言によって行われる。

この、口で喋るということはこの上なく簡便なのだが、これには大きな二つの弱点が付いて回る。

一つは、個がますます潜在化していくということである。衝突回避を至上とし、異質に気づかって同質化に労する日本人にとって、とりわけこれは大きな欠点だ。

発言は直列方式であって、一人ずつ順にすすめていく。平常の場合、続いて後から発言する人がそれより前の人の発言を否定することなど、きわめて少ない。たとえ腹の中はいかにあろうとも。それどころか、摺り合わせようとする、あるいは違いを小さく見せようとする。「〇〇さんとだいたい同じなんですが……」などと前おきをする人のいかに多いことか。よくよく聞くと実は相当に差異があるのに、である。

この差異こそが「個」なのだ。

書くのは並列方式であって、順ではなくみんなが同時一斉にやる。したがって他の影響を受けることなく、個がそのまま現れてくる。

もう一つは、テーマを深掘りできにくくなってしまうことである。

口から出た言葉は時間とともに曖昧になりかねない。書いたものはいつまでも残るし、曖昧なことは書きにくい。

この二つの弱点を、書くことで大幅に改善、いや改革できるのだ。

ついでに、その書きかたについて記しておく。

①要点を、かしこまらないで喋るがごとく書けばよい。

②一件一葉、一枚の紙には一つの事がらだけを書くこと。

その紙を自由に移動できるようにしておくためだ。書かれた紙の移動は発想を刺激する。「KJ法」[*7]の特徴の一つはここにある。

③なるべく大きな紙に大きく書くこと。

大きいほど、みんなに見やすく、迫力も出てくる。みんなが座したままでも見られるように。

「組革研」では、A3紙や模造紙、太いマジックペンが常備されている。

④(可能ならば)文字↓絵↓そのもの。

書くよりも描くほうがよい。描くよりも現物そのものがよい。つまり、生々しいほどよいのだ。

とにかく表現手段の全てを総動員して、できるかぎりひと目で感じられるようにすることだ。

「全」＝「一覧一望」→「評価」→「討論／結論化」・第2ステージ

第2ステージは「全」である。

「全」の第1ステップは、「個」の「一覧一望」から始まる。

「一覧一望」とは、それぞれが書（描）いたものを、みんながひと目で見渡せるように、並べて貼り出すことだ。できるかぎりあちこちと動かずとも見渡せるようにしたい。

そのうえで、それぞれの紙に書（描）かれている内容の不明瞭な点について、互いに聞き合い、応え合う。

ここで議論してはならない。

「全」の第2ステップは「評価」。

具体的には「×打ち」、時として「○打ち」である。

一人ひとりが、「一覧一望」の中の一枚一枚の紙に書(描)かれている内容について、「評価基準」に従って、間違ってはいないか、おかしいのではないか、ずれているのではないかと思われるものに、×を打っていく。

○を打ちたがる人が少なからずいるが、それは極力避けたい。

話し合いながらではなく、一人ひとり独断でやること。

意図するところは、議論の深掘りのきっかけづくりにある。人間の頭の外観はほぼ均一だが、その中身となるとそれなり以上に異なる。その異なる視点を、書かれている内容に投影し、ぶつけていくことだ。

誰もが、自分で自分自身がやっていることを評価するのは難しい。だが「自分の『頭の上の蝿も追えぬ』のに、他のそれを追うことはできる」と先に記した。それである。我われ人間の頭の働きやものの見かたは、生徒的立場にあるときと先生的立場になったときではがらりと変わるようだ。これについても先にも触れた。

×を打たれたほうは、内心ではこんちくしょうと思いつつも、それをどうにかクリアにして、相手を説きふせようと考える。×を打ったほうは、他を否定したことによって、より深く考え始めることになる。いつの間にか、責任感をも意識し出し、自分はそれ以上であらねばならないと考え始める。これを互いにやり合っていく。

○打ちによっては、このような効果は期待できない。いい気になって、事をあやふやにしていくだけだ。

×打ちに際しての留意点を記しておく。

①×打ちの「評価基準」、つまり〝物差し〟を明快にしておく。紙に大きくていねいに書いて貼り出しておくとよい。

これは、「個全システム」におけるリーダーの二つのトップダウンのうちの一つである。

②「人ばなれ」つまり、書かれた紙とそれを書いた人を分離して紙を一人歩きさせること、書かれている中の、人間にではなく事がらに×を打つこと。

③×は、〝上〟（ミーティングリーダー）からは打たない。横からだから良いのだ。〝下〟からならばなお良い。

④×は、打たれたほうが頭にくるくらいに、赤マジックペンで堂々と打つ。

⑤本心から称賛したいものには、○を打ってもよい。

「全」の第3ステップは「討論／結論化」。

みんなで結論に導入すべく議論していくことになる。決着を付けると言ってもよい。

ここここそが「個全システム」のクライマックスである。そのためにこそ、それまでのプロセスが重要なのだ。それぞれの差異がぶつかり合って相互作用し、互いに、自分の座標からは見えていなかった視点が増殖されていくという〝連鎖反応〟を起こし、それによって、思いを共有し、目標に向かっていこうとする気が昂揚していくのである。

「分離・統合」・「個全システム」の更に

そして、「全」どうしの発展的統合化、名付けて「分離・統合」。

ミーティングのメンバーを一〇人と仮定しよう。

その一〇人をいくつかの小グループに「分離」し、各グループが「別々に」「同じことを」やっていくのだ。別々に別なことをやっていくのではない。

その意図は、ここでもまた議論の深掘りにある。グループ間の差異をぶつけ合わせていくことにある。

したがって分離基準は、グループ間に差異がより出るようにすることだ。即ち、グループ内では同質、グループ間では異質になることを狙って分離、即ちグループピングすることになる。

このグループピングは、「個全システム」におけるリーダーの大事な二つのトップダウンのうちのもう一つである。

グループ数は三前後、グループ内人数は三、四人くらいが最適であろうか。グループ数や内人数よりも、それぞれのグループに発想の差異が出ることのほうが大事であって、そのためには、グループ数がいくつになろうが、内人数も極端な場合には一人と九人になっても止むをえない。

途中で、グループ間のメンバーの入れ替えをやるのもよい。より差異が出るように、タイミングを見てやることだ。

もちろん、グループ内では第1ステージ、第2ステージによってすすめることになる。

ミーティングにおける仕切り屋さん、声を大にして喋りまくる人、発言しない人、こんな状態はいとも簡単に解決できる。似たものどうしをグループピングすればよいのだ。瞬時にして問題は解決してしまう。

グループごとの結論が出たら「統合」、即ちグループ間の「全」に入る。

グループ間のぶつかり合いであり、グループ間での×打ちからスタートする。グループ間の差異が大きければ大きいほど、それから先、より深掘りができることになる。

「分離」と「統合」の時間的な配分を一般論としてあえて言えば、およそ七対三くらいを目安にすればよいようだ。

「個全システム」のすすめかた図解

「個全システム」の仕組みを図解しておく。ミーティングメンバーを一〇人と仮定しての一例である。

この図解をちょっと見るといかにも煩雑そうだが、実はシンプルなものだ。

肝心要は「個」と「全」の仕分けにある。それに慣れればわけなくできる。

「個全システム」によるミーティング・シーン
(「組革研」でのケース)

「個全システム」によるミーティング・シーン
(「組革研」でのケース)

分離

（Aグループ４人／Ｂ３人／Ｃ３人として）

〈小グループ内で〉

「書く」

（一人ひとりが一件一葉に）

↓

「一覧一望」

（不明瞭な部分への質疑応答、個々に）

↓

「評価」

（×打ち、時として○打ち）

↓

「討論／結論化」

↓

統合

（１０人）

〈グループ間で〉

「評価」

（×打ち、時として○打ち）

↓

「討論／結論化」

この項のポイント

- 「書く」という並列方式の大利点。
- 「×打ち」第一主義。
- 差異こそが深掘り思考の泉。

4「個全システム」活用の留意点

「個」と「全」をびしっと区別

あらゆる手法は、その使い手が形式の虜になってしまっては生きない。さりとて独り善がりに崩してしまってもだめだ。その典型例をKJ法に見ることになる。

「KJ法」は「事実の統合法」という素晴らしい発想法なのだが、巷ではそれが「観念の分類法」に変質され、台無しなものになってしまっている。

その手法が有する特性を確と押さえ、状況を見すえて自在に変形の試行錯誤を重ねていくことだ。次の5項にはその典型例を紹介した。

以下に、「個全システム」活用に際しての留意点を記しておく。

留意点1　最大ポイントは、「個」と「全」をびしっと区別すること。けっして曖昧にしてはならない。

摺り合わせとは逆

留意点2　日本人のお家芸である「摺り合わせ」とは逆だということ。

摺り合わせ会議・ミーティングでは、過去の知識・経験、既成の常識が幅を利かせ、それが人びとの個性を削ることに作用してしまう。「個全システム」は、個性どうしを向き合わせ、その発展的統合による独創性を狙っているのだ。「衆合天才」などと大げさに表現する所以はここにある。

摺り合わせによって、見かけ上は一つの結論に達するであろう。だが、時としてそれらは、妥協や諦めの産物であって、事の掘り下げにもならなければ、したがって個の思いの結集にはなりえない。その弊害は実行段階において現れてくる。

いわんや多数決などであってはならない。そんな観念は捨てること。多数決イコール民主的だとする人がいるが、なんとも安っぽい話だ。多数決は、①根本から利害が対立している、②大勢で話し合うことができない、③法の定めによる、そのような場合のいたしかたない方法ではないか。

書くのハードル

留意点3「書く」に関して。このハードルは六つ。

①相談しないで独自に書く。

②どうして書く必要があるのかなどと抵抗する人がいるであろう。その価値をわかっていないからだが。ミーティングリーダーはそれに妥協してはならない。

③書くことを苦手とする人、難しく表現をする人がいる。慣れれば容易に解決できるのだが。どうしてもだめな場合には、喋らせて誰かが代筆することだ。

④なるべく大きな紙に一件一葉で書く。これを疎かにする人が多いが、これはこの手法の特性に関わることだ。
⑤筆記の色を統一すること。（形式的なことに非ず）
⑥紙の大きさを統一すること。（形式的なことに非ず）

×打ちのハードル

留意点4「×」を打つに関して。

打てない人がいる。慣れてしまえば何でもないことなのだが、職場の中で最初にやるときには、戸惑いどころか、抵抗に出会うと思う。

「組革研」からその声の一端を紹介する。
○私たちは、チームリーダーから「×を打て」と言われたのに○ばっかり付けていたんです。本当に我われは、○を付けるのが好きで×を付けるのが嫌いなんですね。反発がくるのを恐れて。

○私たちのチームの若いメンバーが、何人もいる年配のメンバーの人が書いたものに対して×を入れるというのが、ものすごいカルチャーショックでした。それができるようになったことは、私たち全員にとって革新です。

①相談しないで独自に打つ。
②「×」「○」は、赤色で堂々と打つ。（際立たせるため）
③自分の書いた紙に×を打たれてもけろりとしている人がいる。この種の人にはミーティングリーダーが真正面から向き合わねばだめだ。

「事実」と「観念」の区別

留意点5「事実」と「観念」の区別。
事実は人を吸い寄せるが、観念は人を遠ざけやすい。
ところが、この社会のほとんどの大人は、事実と観念が区別できない。

「事実」とは、実際・実在のことと客観的に認められ、誰にも否定できない事がらそのものである。それに対して「観念」とは、事がらに関する見かた・考えかたなど事実を消化してしまった結論であって、人それぞれに主観的に存在し、人によっては否定されうるものである。

「個全システム」の討論においてもここに留意してほしい。

リーダーの二つのトップダウン

留意点6「個全システム」におけるリーダーの二つのトップダウン。
①×打ち（時として○打ち）の「評価基準」を明確に明示する。
「評価基準」は〝物差し〟だ。物差しを共有していなければ評価はめちゃくちゃになってしまう。なるべく大きな紙にていねいに、他の紙とは別の筆記色で、大きく書いて掲示しておくこと。

「評価基準」は、ミーティングの課題とメンバーが書いたものとのギャップを埋めるものである。

ミーティングリーダーがこれを明示するまえに、メンバー自身にそれを出させてみるのも大いに良い。ただし、それを決めるのはリーダーだ。

②「分離」のグルーピング。

グループ内では同質、グループ間では異質の集団になるように。グルーピング後の移動は大いに良い。そのためにも、各メンバーの状態をよく見ていること。

この項のポイント

- 独り善がりで崩すな。
- 多数決などとんでもない。
- 「事実」と「観念」の区別ができない人ばかり。

5 「心の窓が開いた」と社長

——「個全システム」のナイスバリエーション

勝負に出るか現状でいくか

「個全システム」の上手な変形の実例、それもトップマネジメントのそれを一つ紹介する。

昭和アルミニウム缶での話である。このミーティングを運営したのは、後に親会社である昭和電工の執行役員・事業部長を務めた西出俊男さん。もちろん彼は、「組革研」の仲間の一人で、同社において長年にわたって組織改革の分野でも注力した人である。

一九九〇年一〇月、三カ年の中期計画を策定するために、社長以下の部門長が一堂に会する合宿ミーティングが予定されていた。

当時のアルミニウム缶業界は、一九八七年に発売され大ヒットとなって急伸を続ける「スーパードライ」による恩恵の真っ只中にあった。同社は、さらなる設備投資を巡って、ここで大きく勝負に出るか現状維持でいくか、その選択によっては社の未来が大きく変わるという社運のかかった状況にあった。

そんな重大な局面で行われたのがこのミーティングである。

ミーティングのリード役を買って出たのが、親会社から出向してきてとりあえず企画室に籍をおいていた西出さんであった。そのとき四三歳、「会社の体質を根底から変えなくては」という熱い思いが彼を動かしたのだ。

彼は数年まえから、社内組織の根本的な使命や役割を、上主導ではなく自分たちの力で作り上げようと、若手や中堅社員に働きかけ、現場レベルでさまざまな試行錯誤を行っていた。この機に、「どんなに立派な計画を作ろうとも、ペーパー上のものではだめだ。トップが自ら肉を切り、血を滾(たぎ)らせて考えたものでなければ、経営の方向がしっかりしたものにならないし、社員もついてこない」と、ミーティングの事務局を務める企画室長の松浦正明さんを口説いたのであった。

「個全システム」をこう使った

ミーティングは、次のようにすすめられた。
資料——企画室によって用意されたものは、「これまでの三カ年をふり返って」と題する経営の行動、経緯、そして結果の事実のみ。もちろんそれは、良かった、まずかったと思われることの双方にわたっていた。
企画室の発言は、資料の説明と質疑への応答だけにとどめ、意見らしきものにはいっさい触れなかった。
チーム編成——メンバーは三つのチームに分けられた。AチームはMC（経営会議）と称する社長、副社長、専務二人の計四人。BチームはMCを除く役員四人。Cチームは部門長（本社の部長、事業所長）の五人。

テーマ――「三カ年をふり返って、最も本質的な問題は何か」

すすめかた――

①テーマを模造紙に大きく書いて掲示し、そこから外れないことに注意。

②それぞれが、A4紙に一件一葉で書く。

③②を元に質疑応答をくり返していく。

④チームとしてまとめる。

それぞれのチームに分かれて、第一回のミーティングが開始された。

予想されたことではあったが、MCのAチームは、とてもじゃないが西出さんの期待どおりにやってはくれなかった。四人とも、黙ってA4紙に書き始めたまではよかったのだが、一件一葉というミーティングの約束を破り、一枚の紙にあれもこれもと書き連ね始めたのだ。

さすがの西出さんも、経営陣を叱るわけにはいかない。いたしかたなくそれを片っぱしからはさみで切り、なんとか一件一葉の形にして机上の模造紙の上に貼り付けていった。

社長が自分の書いたことについて説明を始めると、他のＭＣは「私のも一緒のことです」と言いながら、自分の書いたものを机の端に退けていく。やっとのことで他のＭＣが説明を始めると、社長がすぐ「そりゃおかしいんじゃないか」と言い出す。

ディスカッションと言うにはほど遠い。

三チームが集まって、第一回全体ミーティングの開始。

途中は略す。

いよいよ×打ちである。「こんなチームでは、これからの昭和アルミニウム缶は心配だ！」を「評価基準」とした。

トップが×を打たれてしまった

想像を絶することが起きた。なんと、ＭＣのＡチームが、他チーム九人中の八人に×を打たれてしまったのである。「ＭＣとして、状況を見て、方針を出してほしい」「絶対やるんだという運営をしてほしい」「共有化があやしい」「反省していない」などが主なコメントであった。

社長以下ＭＣの人たちに、緊迫の色が浮かんでくるのがありありと見えた。西出さんは一瞬ひるんだ。しかし彼は、ぐっと下腹に力を込め、経営陣批判とも言うべき言葉を黙って聞いていた。四方にはなんとも重苦しい空気が立ち込め、以降は誰も口を開こうとはしない。不安と焦燥に駆られながら、一同は各チームの部屋に戻っていったのであった。

そして、第二回チームミーティングに入った。

ＭＣチームは一変。自分たちのミーティンググルームに入るなり、社長が「俺たちはＭＣだ！　もっとＭＣらしくやろうぜ！」と叫んだ。驚いた他のＭＣが、すぐに社長の言葉にうなずくと、そのあとのミーティングは大いに白熱したものになっていった。

テーマ――「第三次三カ年計画――経営方針と重点課題について」

今度は打って変わって、西出さんの注文どおりすすめてくれた。

続く第二回全体ミーティングに入った。

今度はＭＣチームに、他チームの誰一人として×を打たない。九人の全員が○を打った。ＭＣは、前回とは別人のように変わった。態度は真剣そのもの。その後の議論は、上も下も関係なく、誰もが本音を炸裂させ、異様なほどの盛り上がりを見せたのであった。

このミーティングの翌朝からは、経営会議。ここで中期計画が決定される。その結果は、前日のものと一字一句が同じであった。「よし、これでいい」とＭＣのそれぞれが一行ずつ読みながらの進行であった。

専務が社長に噛みつくという、それまでには見ることのできなかった光景も現れた。終わって部屋を出る社長が、「昨日のせいかなぁ、えらい活性化しとるな、みんな」と、独り言を口にしていたという。

「心の窓が開いた。ありがとう」と社長

その後の会議では、社長のほうから先に「今日は紙とマジックがないじゃないか」と言うようになり、自分の席を模造紙の近くに移したそうだ。

これで我が社も変わると、役員や部門長たちには夢が芽生え始めたのであった。もちろん西出さんは、ひと一倍喜んだ。だがそれは、抗えない運命のいたずらの上にあったのだった。わずか四カ月後の、あまりにも突然の社長の交替である。

西出さんと松浦さんは、相談役となった元社長から「飯を食おう」と呼び出された。そして言われた。「俺は君たちに礼を言いたい。人生の最終コーナーで、こんなやりかたをすれば、心の窓が開いて、心と心がぶつかれることを知った。ありがとう」。

西出さんと松浦さんはその言葉に一抹の寂しさを覚えると同時に、「せっか

く芽生えた革新の種子を俺たちの手で育てるんだ」との思いを強くした。

突然の社長の退任劇はあったものの、このミーティングによって蒔かれた種は同社の体質に深く刻まれたようだ。その後も西出さんは、横組織化の社内推進活動を続け、その実践として「個全システム」を組織に根付かせるべく、さまざまな活動を行っていったのであった。

「個全システム」は体質まで変えてしまう

一例を挙げる。

二〇〇四年、親会社への転籍が決まっていた西出さんが新しい職場の全職制を集めたミーティングの場で行った挨拶は、今も語り草になっているという。

「自己紹介します。私について知りたいこと、聞きたいことを紙に書いて貼り出してください」。

「個全システム」的な発想が彼の内面の奥深くまで染み込んでいたようだ。

翌年に行われた全社計画会議の席上では、経営陣を前にして新事業部長として、次のような宣言を行った。

「今、事業部は二つの病気にかかっています。一つは『対策病』、もう一つは『コミュニケーションがとれない病』。これを治します」。

この二つの病を治すのに「個全システム」が非常に有効であることは、これまでの話から容易に理解できることと思う。

そのDNAは、その後も綿々と受け継がれて今日に至っている。

例えば設備事故や労働災害では、「人を責めず、状況を攻めろ」という考えかたが徹底された。発生した状況を再現するために徹底的な「調査」を行い、それを「描き」、「一覧一望」をくり返し、その問題の根っ子にまで迫る。

製造業においては命綱とも言えるクレーム対応にも「個全システム」が威力を発揮した。「クレームに学ぶ」の掛け声のもと、「事実」の調査に時間をかけた。「なぜ」ではなく「どのようであったか」。それを続けているうちにみんなの意識が少しずつ変わり始めた。

「事実」に基づいた要素を一件一葉で書き出させ、「一覧一望」して、「調査」が浅かったり「事実」ではない場合には、×を付け合い、やり直しをしている。

これをくり返していくうちに、図面や指示文書、検査基準や検査方法の不具合がありありと見えてきて、今まで潜んでいた根っ子の部分、見えなかったものが見えてくる。それに対して手を打とうと、自分たちで「調査」するようになってきた。どのようにするかを考え、絵や写真を使って全員で共有するようになってきた。

「クレーム、不良品は我われを写す鏡、自分たちに何かを教えてくれる」という姿勢が身に付いてきたと、部下たちは語る。

「『個全システム』は、ミーティング革新にとどまらず、人と企業の体質さえも変えてしまうマネジメントそのものである」と西出さんは語っている。

この項のポイント

- 「会社の体質を根底から変えなくては」という熱い思いが動かす。
- 専務が社長に噛みついた。
- 企業体質さえも変えてしまうマネジメントそのもの。

6 「個全システム」活用のQ&A

この項の［Q］は、「組革研」参加企業の一部に対して開かれた「個全システム」セミナーでの質問の原文である。

より根源的、重要な課題にこそ

［Q］様々なレベルの課題がある。どの課題レベルまで「個全システム」を適用すべきか。

［Q］テーマの選び方と工夫について教えてください。

［Q］テーマによる「個全」の有効性（活用度）は？

［A］経営とか仕事にとってより根源的あるいは重要な課題にこそ、「個全システム」を使ってください。

このシステムでちゃんとやった結果は、通常の会議・ミーティングに比ぶべくもありません。結論の深さ、それをみんなのものに共有化できる点においてです。費用（労力）対効果は抜群になります。

より小さな課題の場合には、このシステムを使う必要はないでしょう。ただし、第1ステージの「個」の顕在化、即ち「書く」ことだけはぜひともやるべきです。それだけで、ミーティングの労力対効果がいかに上がるかを実感すると思います。

二番目のQは、文面だけから言えば本末転倒ではありませんか？

［Q］「個」の書き出しは、事前に書いてもらうのと、その場で短時間で書いてもらうのとでは、どちらが効果的か。

［A］ぜひともその場で出させることです。

何よりも大事なことは、いかに本音に近いものを出させるかであって、予め用意したものには、〝雑音〟や、それこそ忖度がどうしても混じるどころか、それに縛られたものになってしまいかねません。

リーダーが毅然として

［Q］意見出しの際（紙に書き出す）に意見が出ない人がいます。無理にでも書き出してもらったほうが良いでしょうか。

［A］書き出さない理由には二つが考えられます。そうせずに済ませたい場合と、うまく表現できない場合です。

前者は、日常の生温い体質の現れでしょう。多くの場合はこのケースだと察します。ミーティングリーダーがその人に、毅然たる態度で向き合うことです。

後者の場合はしょうがないから、誰か別の人が当事者から聞き出し、メモしてあげましょう。

［Q］推測・思い込みの意見を出さないで、「事実」だけを書かせることを理解させて、「事実」を抽出する方法は？

[A] 4項にも記しましたが、この社会の大人のほとんどは、「事実」とそうでないもの即ち「推測、思い込み、観念」の区別ができないのです。企業人元より学者、ジャーナリスト、国会議員、多くの人がです。この区別を人びとに期待するのは、もはや絶望的でさえあります。

そこでどうするかです。

一つの方法は、出された事実だと称するものについて、「それはどういう場面に出会ってそう思ったのですか」と、その観念の元になっている場面が目に浮かんでくるまで、(穏やかに)問い質していく以外にはありません。

[Q] 書く場合、「人ばなれ」無記名にしたらどうなるか?

[A] 誰が書いたものかがわからないほうが良い、これは議論の余地がありません。

しかし、書き振りから誰のものかが想像がつく場合が多いでしょう。その場合、どうしてもその主をわかりにくくするほうが良い場合は、パソコン入出力を使うことです。ただし大きな字で。

どこまでもグループ内同質、外異質

[Q]（分離の）グルーピングする場合、チームバランスはどうとるのが良いのか。知識／経験別や性格別など。

[Q]メンバーの年が離れている場合、（分離の）グループ分けは年齢を考えて分けますか。

[A]「分離」のグルーピングでは、バランスを考えてはいけません。とにかく、グループ内では同質、グループ間では異質を目指してください。

何をもって同・異質にするかは、課題とミーティングメンバーの状況によります。

一般論として無理に言えば、ものの見かた、あるいは発想の属性を第一に優先したほうが良いでしょう。知識、経験、年齢によるグルーピングはあまりすすめられません。

[Q]「全」でまとめる段で、少なからず大きな声側に流されてしまう傾向があります。どうすれば、より良く総意へと進められるでしょうか。

[Q] 声の大きい人の意見がどうしても通りやすい環境があります。×打ちの際にそこを改善する方法はありますか？

[Q] 年長者の意見に流されないためには、どうすれば良いか。

[A] まずは、×打ち（時に〇打ち）に際して「個」が書いたものに直接×を打つのではなく、一人ひとりが、書かれたものを見て自分のメモに×〇を記入していくことです。それをミーティングリーダーが集めて、「個」が書いたものに転記するというのはどうですか。

その後は、ミーティングリーダーがメンバーに対して、×を打った責任を（穏やかに、辛抱強く）追及することから逃げないことです。

「評価基準」をメンバーに出させてみたら

［Q］「評価基準」の決め方について教えてください。

［Q］×打ちの「評価基準」を明確にするのはどうすればよいか。

［Q］「評価基準」をメンバー自身にそれぞれ出させたことはありますか。「評価基準」を決める際に心掛けることは？

［Q］「評価基準」は個人作業の前に示してもいいでしょうか。

［A］多くの場合、課題と「個」で書かれているものの間にはギャップが存在します。「評価基準」はその溝を指摘する〝物差し〟です。


ミーティングリーダーは課題をよくわかっていなければならないのですが、その理解とて完璧とは言いがたい場合がありえます。そこでミーティングメンバー全員に「評価基準」を出させるのは、とてもいい方法です。

メンバー全員に「評価基準」を考えさせることは、それにも増して有効なことがあります。それは、メンバーが評価の〝物差し〟の意味を理解し、その視点をはっきりと共有することに通じるからです。

「評価基準」を「個」作業のまえに出すのは止めたほうが良いでしょう。最初は「個」ができるかぎり丸出しになるのが大事であって、その妨げになるようなものは無いほうがよいからです。

［Q］×打ちがなかなか進まない時、どうリードするのがよいか？「評価基準」を繰り返してもできない。

［A］多くの場合、ミーティングメンバーのこの種の状態はミーティングリーダーの姿勢の反映です。リーダーが毅然とせずして甘っちょろくあったり、あるいは事務的であったりしたら、そんなことになります。

「評価基準」を変えることには一考を要しますが、変えること自体は良いことです。ただし、リーダーの逃げの姿勢からのそれであってはなりません。

「組革研」では今までに数千チームが「個全システム」によって動いていま

すが、そんな現象が続いたことはありません。

［Q］「個」の時間と「全」の時間の配分はどう考えられたのか。または、結果／経験からどうすれば良いと思われますか。

［A］二対八くらいですかね。「個」はできるかぎりスピードアップして、「全」の時間を充実させせましょう。

×→○は大いにOK

［Q］×をつけた事を深掘りして○になることはないですか。

［Q］×打ち後の統合ステップで、×打ちされた意見の復活もあり得ますか。

［A］大いにあります。大いにOKです。これこそが「個全システム」のなせる技でもあります。

［Q］リーダーは「個全システム」に「個」として参加しても良いですか。

［Q］自分がミーティングメンバー内で中位だった場合、リーダーは上位者

が行うべきなのか。

[Q]「個」の作業をする場合、グループリーダーは参加せず、評価段階で参加すべきなのでしょうか。

[A] まずは、ミーティングリーダーに適任者を選んでください。それが職制上の上位者であろうが下位者であろうが、かまいません。適任者とは「個全システム」の本質をより承知している人です。

そこで大事なことは、その人にミーティングの運営に関する権限を預けることです。

職制のリーダーがミーティングメンバーになってもかまいませんが「個全システム」というものをよく理解している場合に限ります。

いずれのリーダーにせよ、「評価」段階にのみ参加するのは最悪です。

この項のポイント

- 忖度や〝雑音〟に縛られぬように。
- 本当の「事実」を出させる一方法。
- 「ミーティングリーダー」のありかた。

第2部

「個全システム」によるミーティング革新の展開

第2部を読み取るにあたって

第2部の二つの事例は、筆者の朝比奈さんと辻井さんが、「組革研」で体験した「個全システム」を企業内の会議・ミーティング革新に導入した生々しい実践例である。

「組革研」については「序」に略記した。

「個全システム」は、第1部に詳述したように、どこの企業においても旧態依然として行われている会議・ミーティングとは、きわめて対照的なミーティング手法である。

元よりこの手法は、いかなる課題にも日常的に利用できるし、他の手法と併用してもよい。だが、使いかたに慣れるまでは根源的あるいは重要な課題に、シンプルに利用してほしい。

「組革研」での仕事のすすめかたは、何よりもまず、仕事の「対象」状況を「事実」に拠って明らかにしていくことからスタートする。そのための手法を「消化・発見法」と呼んでいる。「対象」状況が実用レベルにまで明らかになってから「対応」に入る。

その全プロセスを、「個全システム」によってチームですすめていくのである。

したがってこの二つの企業内実践例には、自ずと、「対象」うんぬん、「事実」うんぬん、「消化・発見法」に関わる記述が散見されることになる。よって、この二つの実践例を読み取るのを補うために、事例の後に、「対象」とは、「事実」とは、「消化・発見法」とは、について略説しておく。

1 「コスパ」がきわめて高い

リコー 機能材料開発センター グループリーダー
朝比奈大輔

最大公約数を無理やりに

日本企業は無駄な会議ばかりやっていると言われて久しいですが、ご多分にもれず、私の職場においてもほんの数年まえまでは、呆れるほど多くの会議が行われていました。そのほとんどは、摺り合わせと調整のためのものばかり。会議のための会議に陥ることも少なくなく、このままではいけないという思いばかりが募っていきました。

せめて自分が主宰する会議だけでも活性化しようと模索を始めたのですが、これがなかなか思うようにいきません。

若手はベテランの顔色をうかがいながら当たり障りのないことしか言わないし、ベテランは思い込みの自説をまくしたてるばかり。闊達な議論など起こるはずもなく、最後は場の空気を読みながら、無理やり最大公約数的な結論めいたものを付けて、それではこのへんで、となってしまうのです。

そういう私自身もそうでした。

何かにつけて、自説をメンバーたちにわからせたい、部下たちに教えたいという欲求にかられてしまい、「それはこういうことだよね」とか「私の考えではこうなんだけど」などと、会議をリードする立場を忘れて口を挟んでしまうのです。その結果として、メンバーたちの発言意欲や独創的な発想を潰していた可能性が大いにあったわけです。自分が一番わかっている、メンバーからはどうせたいした意見は出ない、などの上から目線の思い上がったものが私の中にあったのです。

メンバー全員がもっと対等の立場で議論できる場にしなければならない。そこに気づいたのですが、どうすればいいのかがわからない。だから、「今日から会議を改革する。上司も部下も関係ない。全員、自由に意見を闘わせてほしい」と口先だけの号令で終わってしまう。こんな悶々とした状態がしばらく続いていました。

メンバー間で激しいやり取り

製品開発の途上でトラブルが発生したときのことです。かなりの難題でした。技術者たちが必死になって考えても、解決の糸口さえ見つかりません。複数の要因が複雑に絡み合い、トラブルの本質が見えないのです。これでは解決策など生み出しようがありません。

あれこれ悩んでいたら、かつて「組革研」で体験して学んだ「対象」という概念(「第2部の展開を読み取るための補記」参照)が、私の脳裏にふっと浮かんだのです。

そうか、トラブルを「対象」と考えれば、やることは一つだ。

ここに気づくまでは、解決策という「対応」ばかりに頭が向いていました。「対象」がどうなっているのか明らかになっていないのに、対応などできるはずもありません。いくら私が「早急に解決策を見つけろ」と叫んだところで、見つかりようもない話だったのです。

会議を招集し、メンバーたちに伝えました。「まずはトラブルがどうなっているのか、どうできているのか、それを明らかにしよう。それを全て一件一葉に紙に書いて出してほしい」。「推測や思い込み、固定観念の類は捨てて『事実』だけを出せ」とも迫りました。

いつになく議論が白熱しました。持ち寄った紙を元に、メンバー間で「それは事実じゃない！」とか「その部分、もっと数、出そう」などと激しいやり取りが自ずと始まり、私が口出しをする必要がまったくないのです。誰もが「情報」ではなく「事実」、つまり「状況」で議論ができている。紙に書き出していくので、誰もが意見を言わざるをえない。

これを見て私は、この感じ、「組革研」の空気に似てるなと思いました。「対象」の概念と同じく、「組革研」で学んだミーティングの手法です。

こうして私は、会議に本格的に「個全システム」を採り入れることを決意したのでした。

「いいからやれ！」

「個全システム」によるミーティング革新の事例を紹介していきましょう。

課題は「工業化に向けた材料合成プロセスのムダ・ムリ・ムラの明確化」。

メンバーは五名。当初は私を除けば、「個全システム」を知る者は皆無。あえて細かい説明などはせずに、実践していく中で会得してもらう道を選びました。進行役は私。

こんな具合に始めました。「今回のテーマは材料合成プロセスのムダ・ムリ・ムラです。じゃあ、それについて『事実』だけを淡々と出してください。もしくは『わかっていること』だけを淡々と出してください」。

そして工程のフローを、仕込み・物質収支・作業時間・各種条件等とともに大きな模造紙に記載したものを壁に貼り出し、一人ひとりが「ムダ・ムリ・ムラ」と思えるものを紙に書いて、フロー図の上に貼り付けていくという作業からのスタートです。

最初は、「事実」だけを出すように強く迫りました。さらに、「これがわかれば重要な何かに繋がるっていうものを出してください」とも。そしてテーブル上に一〇〇円ショップで大量に買い込んできた紙を置き、「これに一件一葉で書け」と命じました。

いつもの会議だと思ったらどうも様子がおかしい、メンバーたちの顔に狼狽の色が浮かび、「どうしてこんなことをしなくちゃいけないのか」と、その意図を問うてくる者もいました。明らかにめんどう臭いらしき感じが伝わってきます。しかし私は、あえてその意図も意義も説明せず、ただ一言「いいからやれ!」としか言いませんでした。

理不尽だろうがなんだろうが、とにかく「やらせる」ことが重要で、その意義などはやっていくうちに自然とわかってくる。それが一番いい。そう考えたからです。

マジックを手に、紙に向き合います。「口を開かず黙って書け。『個』で書くんだ」。「個全システム」における要点の一つ、「個を守る」ことを徹底させました。

それでも、最初のうちはなかなか思うように書けないらしいのです。一時間ほどの書き出しタイムで一人一〇〜一五件出せればいいほうでした。

「疑問を持ったら×を打て」

なんとか書き出しが終わったらフロー図の上に貼り付け、みんなで「一覧一望」します。

次はメンバー間の「評価」。

「評価基準」は「この事実を明らかにすればコストダウンできる」。このミーティングの課題を提起したメンバーがこれを出してきたので、私も承認しました。

その後は、この「評価基準」に合わないものに×を打っていくことになるのですが、これも、最初のうちはなかなか思うようにいきません。人の顔色を見たり、忖度してしまったりと、打てない人がいます。しかし、ここをクリアし、誰もが当りまえのように×打ちができるようにならなければ、「個全システム」でやる意味は生まれません。

ですからリーダーが、×打ちがちゃんとできていないと思ったら、どこまでも強く求めることが大切になってきます。

以下、×打ちまでの大まかな流れを記しておきます。

①だいたい五人くらいのグループで行う。大人数のときはグループに「分離」する。私のところでは前者が多い。

②まずは「課題」を提起し、次いで状況の「事実」を出し合う。
　全員一斉に、「わからないこと」、認識している「事実」を一件一葉で書く。（図表や絵を推奨）
　この段階での議論はいっさい禁止。
　メンバーからごちゃごちゃ言われても、リーダーは「いいから書け」とだけ言う。

③「一覧一望」。書いたものを一斉に貼り出す。
　ここでの議論もいっさい禁止。書いてある内容が意味不明なところのみ質疑応答を許可。このとき余計な説明は不要。

④議題を出した人が、書かれている内容を見て「評価基準」を考え、紙なりボードなどにでかでかと書き出す。

ポイントは単純明快であること。そうでないと議論が盛り上がらない。

⑤×打ち。「評価基準」にそって「個」で×を打つ。

×を打たれた者が腹が立つくらい盛大に打つよう推奨。あまりやってくれないが。

なかなか×を打てない者もいるが、必ずやらせる。「少しでも疑問を持ったら打て」と言っている。

ここでも議論はいっさい禁止。あくまで「個」で。

若手の態度が一変

×打ちの後はひたすら「討論」です。ここで私は、「何時間かかってもいいから、決着が付くまで議論を尽くせ」とだけ言ってスタート。

メンバー全員「個全」に慣れてきたこともあってか、このときの議論は大いに盛り上がりました。とくに、これまで周りの目を気にしたり、忖度することの多かった若手の態度が一変したのには驚きました。

渾身の書き出しに×を打たれ、「この『評価基準』に照らしたら、これは絶対に必要な内容だ」と言って一歩も譲ろうとせず、ベテランをやっつける場面なども頻出し、闊達な議論が展開されていったのです。

私が口を出したのは、議論が「評価基準」から外れた場合だけでした。ここは最大の注意点です。

「評価基準」から外れてしまうパターンとして、紙に書かれた意見を観念化し、歪めて議論を始めてしまうということが起こります。リーダーが気をつけていないと、これは頻繁に起こります。掲げられた「評価基準」をメンバー間で共有し、ここから外れた話を止めさせなければなりません。

コスト三分の一、作業時間二分の一に

この「個全」は予定時間を大幅にオーバーしたものの、大変意義深いものに

なりました。「評価基準『この事実を明らかにすればコストダウンができる』」に沿って、多数の多様な意見が出ました。

ここから「調査項目」を設定し、それぞれの担当を決めて現物・現場を中心に調査をしました。

その結果、きわめて有益な「対策」を出すことができ、なんと作業時間は半減し、全体のコストは三分の一以下になったのです。

個人が頭の中であれこれ考えていてもけっして出なかった解にたどり着いたからだと思います。まずはみんなで事実を出し合って問題の状況を明らかにし、それを元に議論をし、対策を出す。「個」から「全」へ、「全」から「個」へ、そしてまた「個」から「全」へ、はっきりと区分けしてこのサイクルをくり返すことにより、より的確な解を導けるようになったのだと思います。

以下、今回の「個全システム」を通して、良かった点を記します。

○予定時間をオーバーするくらい活発な議論が起きた。

○「足りないこと」「わからないこと」がどんどん抽出されてきた。
○抽出された「わからないこと」を「わかること」にするための作業が明確になった。
　それを誰がいつやるかということをメンバーが自発的に決め、貼り出した紙にそれを記入することで、事実に基づく具体的な検証計画が自動的にでき上がった。
○計画が具体的で自分たちが決めたことであるため、進行が速い。だらだらと納期の先送りが起きない。

指示待ちからの劇的な脱出

「個全システム」ミーティングを通して、メンバーたちから出てきた感想を紹介します。
○こんなに自分の意見が採用されるなんて、今までの普通の会議ではなかった（若手）。
○何をしなくてはいけないのかが明確になるので、非常にすっきりして動きやすかった（若手）。
○これまでは常に、頭の中でああだ、こうだとこねくり回していたが、「個全」では、事実から自ずと対策が出てくるから、推測や思い込みの入る余地がないのが素晴らしい（ベテラン）。

リーダーの私から見ても、「個全」の前と後では、メンバーたちに大きな変化を感じました。

「個全システム」が進展していくと、例えば何らかのトラブルをテーマにしたとき、トラブル自体のメカニズムというものが自ずと見えてくるようになります。突如として目の前の霧が晴れるかのような瞬間があるのです。そのときメンバーたちの顔がぱっと輝くんです。「個全」がうまくいったときはだいたいそうなります。

日常での変化も感じています。

これまで私は何かと指示ばかりしていたのですが、これが劇的に減りました。指示を出さなくても、メンバーが自発的に考え、調査し、策を出すという習慣が知らず知らずのうちに付いてきたのだと思います。

とは言え、変わらない者もいます。そういう人はそもそも「個全」には呼ばないという方針でやっています。

最初はめんどう臭いと思うのは誰もが一緒ですが、やっていくうちに面白さを感じるのが「個全システム」の特徴でもあります。一つのテーマに没入していく感覚、それにメカニズムが見えてきたときの喜び、これらを味わううちに面白く、夢中になっていくものなのです。

「個全システム」の何がいいのか？

ここで私が思う「個全システム」の良さをまとめておきます。

○状況の「事実」に基づいてすすめられる。
○一件一葉で意見を紙に書かせるので、個々人の考えが顕在化する。
○意見を紙に「書き」、「一覧一望」するので、声の小さい人も意見を言わなければならない状況になる。
○ベテラン、上位の者、若手が、「評価基準」の下で対等になれる。
○メンバーどうしの相互指摘ができる。
○メンバー全員の共通認識としての気づきがある。
○自分事としてゴールに向かって邁進できる。
○分担と日程を加えれば、そのまま計画書になる。
○リーダーが余計なことを言う必要がなくなる。ミーティングの中にメンバーとして入れば、対等の立場で議論できる。

これまでの経験から気づいた注意点を以下に記しておきます。「個全システム」のリーダーはとくに気をつけるべき点かと思います。

○リーダー、コントローラー、ファシリテーターといったお目付け役がいないと、従前の会議スタイルに戻ってしまう。
○それらお目付け役がしっかりしていないと、ぐだぐだになってしまう。
○少し余裕を持ったスケジュール感で。
予定時間がきたからといって、無理やり結論を出そうとしてはいけない。とことん議論を尽くし、解が出るまでやり続ける。

コストパフォーマンスがきわめて高い

何度か「個全システム」をやっていくうちに、たいていの人はこう思うのではないでしょうか。「たしかにいい解にたどり着ける確率は高いが、時間がかかり過ぎる」と。私も最初のうちはそのように考えていました。

ところがよくよく考えてみると、逆のような気がしてきたのです。

従前の会議をふり返ってみると、わずか二〜三時間のうちに、決まってもいないのに無理やり決めた振りをするようなものでした。「対象」に迫りもせず、上っ面だけの虚しい議論に陥ることが多かったのです。二〜三時間の普通の会議で決まったことなど、「個全」ならわずか三〇分もしないうちに×を打たれてしまうと思うことも多々あります。

つまり、「個全システム」で到達したレベルの話し合いを普通の会議できっちりとやろうとすれば、「個全」以上に時間を費やしてしまうのではないかと思います。

成果ということで考えても、時間という物差しで見たとしても、「個全システム」はけっして非効率的ではない。むしろコストパフォーマンスがきわめて高い会議手法である、と私は考えています。

2　部下たちが「自分事」意識に

「改善」ではなく「改革」を

日本たばこ産業 北陸支社 副支社長
辻井篤志

日本専売公社が解散して日本たばこ産業（ＪＴ）に移行した年、私は一九八五年にこの会社に入社しました。

当然のことですが、看板と体制が変わったところで、すぐに風土・体質が変わるわけではありません。入社してしばらくは、旧組織の古い体質、端的に言えば、上から言われたことだけやっていればいいというようなお役所的な体質を色濃く引き継いでおりました。

その一方で、さあ変わるぞ、といった新風も吹き始めてもおりました。

私は、言わば旧新両方の体質を、同時に肌で感じながら仕事をしていたことを記憶しております。

旧組織は「個」よりも圧倒的に「全」を優先してきた結果、民営化以降も「個」がなかなか顕在化しない状態が続いていたように思います。つまり、個人が組織の中に埋没してしまい、なかなか新しい発想が生まれにくい風土であったのです。

そんな空気の中で私には、このままではいかんという反骨心のようなものが強く台頭してきました。そうした精神は私の人生のバックボーンでもあります。いつしか私は、周囲から建て直し屋のような役回りを期待されるようになり、自分自身でも、「改善」ではなく「改革」をという思いでこれまで仕事をしてきたように思います。

会社自体も徐々に変革に向けて動き出しました。それは時代の要請でもあったのです。

「組革研」でだめさを痛感

今は営業企画と人事企画の二つを見る立場にある私は、若い頃には長いこと、地べたを這うような下積みの営業マン生活を送っておりました。その経験は私にとって、非常にプラスに働いたと思う反面、私の悪い部分を加速させてしまった面もあったと思います。

プラス面としては、小売店、量販店を問わず、現場の状況というものを絶えず捉えようとする癖が、自然に付いたことです。と言っても、これは現場で働く者なら、とくに意識しなくてもある程度はそうなるものです。

コンビニもない時代、小さなタバコ屋のおじいちゃんやおばあちゃんと一対一で接し、やり取りをしているうちに、その店のお客さんの年齢層から好みまで、お店の状況が自ずとわかってくるからです。ごく小さな範囲ですが、「対象」がとても見やすい立場だったと言えると思います。

ところが、会社でのポジションが上がり、現場から離れるにつれて、これが見えなくなってきます。上にいけばいくほどです。私の場合は、現場での仕事が長かったおかげで、管理職になってからも「対象」を見よう、捉えようという意識をわりと持ち続けてこられたのではと考えています。

悪い面というものは、なかなか自分では気づかないものです。

二〇〇八年、はじめて「組革研」に参加し、私は自分のだめさを痛感することとなりました。自分がいかに「対策病」というものに侵されているのかを知ることになったのです。

例えば何かトラブルが起きたとき、これまでの自分の体験だけを頼りに、あるいは自分の思い込みで、すぐ対策に走る。トラブルの根っ子に何があるのか、トラブルは具体的にどのようになっているのか、ろくに「事実」も見ずにです。「対策病」だと「組革研」で診断を下されてしまったのです。

今でも私は、現場の人間は、常にまずは対策ありきじゃないとだめだとは思っています。

ある店でこれまで売れていた銘柄の売れ行きが急に落ちたとします。そんなときは悠長に構えてはいられません。要因を探るまえに体を動かす。これがだめならあれをしてみる。このように臨機応変に即座に対策を打てなくては現場は務まりません。

だからといって、これが過ぎると「対象」を捉えようという意識が薄れ、単なる対症療法ばかりに走りがちになってしまいます。これが「対策病」というものですが、私はこれにどっぷりと侵されていたのです。

そのことを「組革研」で気づかされ、そこから脱け出すためにはどうすればいいのかと、今に至るまで悩み続けているわけです。

「対策病」の治療として

「組革研」から職場に戻ってみると、「対策病」がいかに広く、深く、組織の中に蔓延しているかということに気づき、衝撃を受けました。もっともこの現象は、私の職場だけでなく、日本のほとんどの企業に共通した問題でもあると思います。

リーダーが「対策病」にかかっていれば、部下も必ずそうなります。伝染病のようなものなのです。

これを治療する方法はないものか……。「対策病はいかん」と口で言ったところで改まるほど、そんな簡単な病ではありません。なにしろ私たちの体に奥深く染み込んでしまっているものですから、精神論だけでなんとかできるものではないのです。

いろいろ考えた結果、「組革研」で体験した「個全システム」の導入に思い至りました。

まずは、「個」でしっかり「対象」の「事実」を見つめ、考え、最終的に「全」に「統合」していくという「個全システム」の発想は、安易に対策に走りがちな職場の人間の意識を、根底から変えてくれるのではないか、そう考えたのです。

日頃から「書く」癖を

そうは言っても、私以外の部下たちは「個全システム」の個の字も知らないという初心者集団でした。いきなり「個全」を使ったミーティングを行ったところで、うまくいくはずはありません。

そこで私は、日頃の業務やミーティングの中に個全的要素を採り入れることから始めることにしたのです。

「個全システム」最初の肝は、自分の考えを紙に「書く」ことにあります。これによって、自分の考えが明確になるし、通常のミーティングではじっと黙って自分の意見を言わないような人間でも、何かを表明せざるをえないという状況に追い込まれます。

しかし、自分の考えを端的に「書く」ことに慣れていない部下ばかりです。これがある程度うまくできないと、「個全システム」自体が成立しません。

そこで私は、日頃から部下たちに「書く」ことを強いることにしました。ミーティングで黙っている部下に、「口で言えないなら、とりあえず紙に書いてみろ」、発言はしても要領を得ない話ばかりする者には、「言いたいことを一点だけ紙に書け」と迫ります。

これをくり返すことで、まずは「書く」ことに慣れさせようと思ったのです。これはなかなか効果的なやりかたでした。

大方針と販促企画に

こうしたトレーニング期間を経て、いよいよ実践です。

どんなときに「個全システム」を使うかというと、半期あるいは年度の「大きな方針」と販売促進などの「企画」を決める際に適しているのではないかと思いました。

年間計画などの「大きな方針」を立てる際は、方針自体を決めるのではなく、方針を作るための元を各自に出させるために「個全システム」を使います。わかりやすく言えば、方針に仕上げる過程で、まず自分たちが置かれている状況を明らかにし、その状況を突破するための課題を抽出することを、そのミーティングでやるわけです。具体的には、「現状として捉えておくべきことは何か」をあぶり出し、明確化させることで、方針を作る際の指針にするということになります。

「企画」の場合は、企画そのものを決めるだけではなく、それをどうやるかまでアウトプットさせるために「個全」のやりかたでワークショップを行っています。

ここで、実際に行った「個全システム」の実例を示しながら、具体的な手順、留意点などを説明していきましょう。

テーマ――「○○年度営業活動方針」を立てるうえで何が必要か

チーム編成――営業企画部のメンバー一〇名（チームリーダー一名、その他九名）

すすめかた――

［ミーティング前］

①責任者である私が、年度方針の前提になる四つのカテゴリー（タバコを取り巻く市場環境、経済環境、競合会社の状況、自社組織の状況）を示す。

②①について各カテゴリーごとに「現状として捉えておくべきこと」を一人最低一〇件、一件一葉で紙に「書いて」おく。

［ミーティング当日］

①各自が持ち寄った紙を貼り出し、「一覧一望」。

②似ているものを仕分け。

③「評価」――×打ち。

「個全システム」によるミーティング・シーン
（「日本たばこ産業」でのケース）

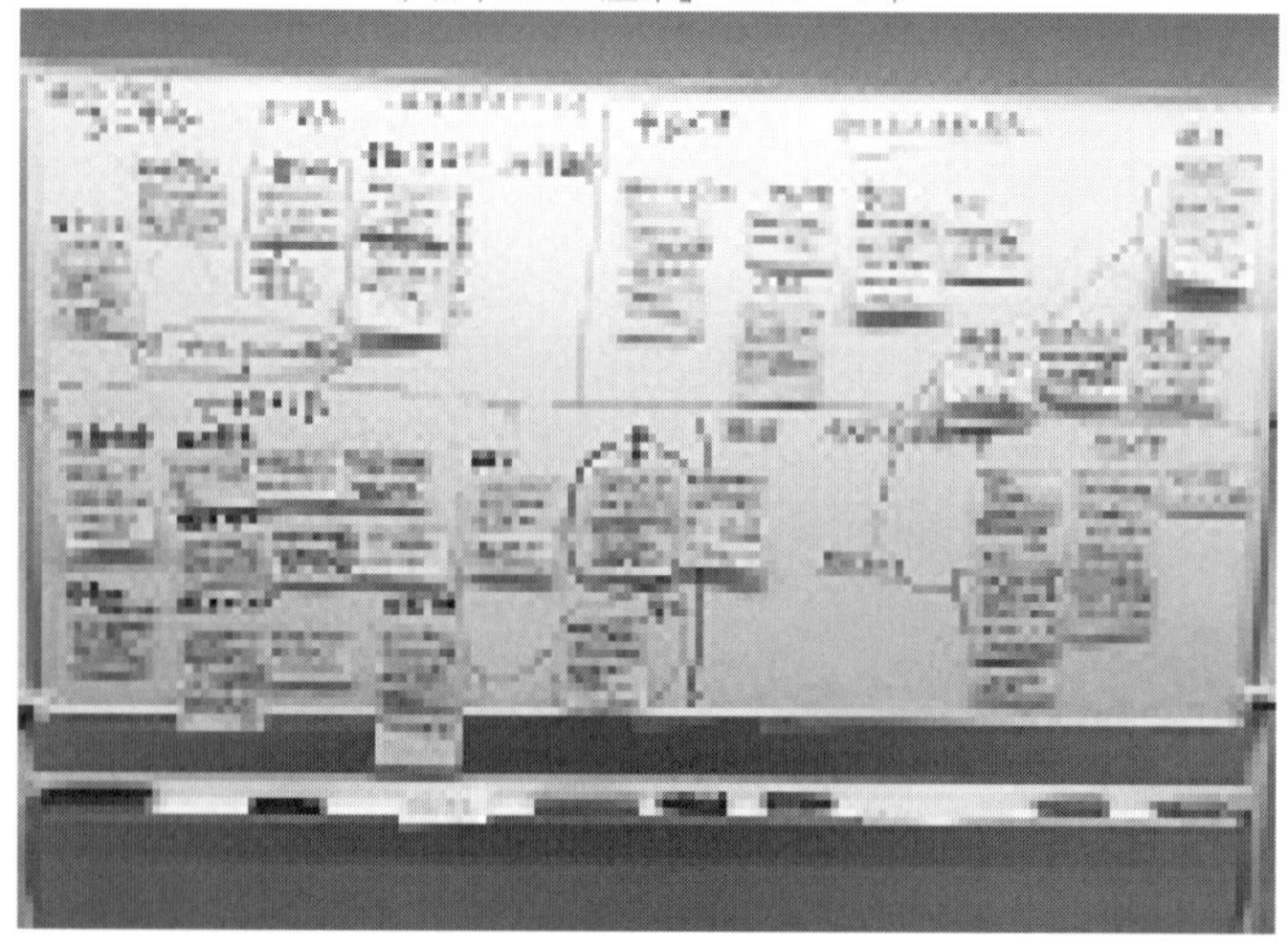

評価基準は「これが本当に現状として捉えておくべきものかどうか」。
④×を打った者と打たれた者で「討論」。
⑤④までで明確になった「課題」（調査することなど）をメンバー間で割り振り。

［ミーティング後］
①メンバー間で割り振った「課題」を各自が調査、分析。
②①の結果を元に「年間方針」を作るうえでの要素を整理し、チームリーダーがリポート化する。
③最終的に私がチェックし、「方針」を明文化。

机上の紙で向き合い度がわかる

開催日の数週間前になると、私は自分の机の上に書き出し用の大きな付箋を大量に置いておき、書き出しをする際は各自取りにくるよう、部下たちに命じます。すぐに取りにくる者もいれば、日頃の業務にかまけて直前まで取りにこない者もいます。こうしたことが目に見えるので、部下たちの「課題」への向き合いかたが自然とわかってくるのです。

「書く」際は、「必ず個でやれ」と口を酸っぱくして言っておきます。周りの者と話し合って書いている者を見つければ、厳しく注意します。

初心者が多い場合、仕分けにかなりの時間がかかります。同じ内容、似た内容を固まりに分けていく作業ですが、慣れないうちはこれがなかなかうまくできないのです。

こうした場合、ある程度の経験がある者をファシリテーター役にして、仕分けを主導させることにしています。それでもうまくいかないときには、私自身が外野から口を挟むようにしています。

そのための時間をだいたい九〇分程度にし、それを過ぎたらそこでとりあえず終了させることにしています。こうしないと時間がかかり過ぎるのです。通常業務の中で「個全」をやるには、やむを得ない制限だと思っています。

×を打てない人間に参加権なし

「個全システム」の初心者にとって最大の難関は「評価」、つまり×打ちです。「個」を出すことが苦手な風土ということもありますが、人が書いた紙に×を打つことができない者が、とにかく多いのです。

「評価基準に照らし合わせて、違うと思った紙に×をどんどん打っていけ」といくら言っても、なかなか打てない。×を打たないことには、「個全」をやる意味がありません。そこで私は「とにかく×を打て、考えずに打て」と頻繁に口を挟まざるをえませんでした。

そこまで言っても、まだ打てないのです。

悩んだ末、私は「一度も×を打たなければ、その後の議論への参加権を与えない」というルールを考案しました。

議論が盛り上がってくると、だんだん面白くなってくるものです。しかし、自ら能動的に考えて×を打たない限り、その最前線に立つこともできず、傍観者のままでいるしかない。そんな状況を作って、ようやくほとんどの者が×を打てるようになりました。

×打ち、そしてその後の「討論」に際して、私が口癖のように言っていることがあります。「それ、ほんまか！」です。

例えば、誰も×を打たない紙が残っていたとしても、その内容が必ずしも評価基準に照らして正しいとは限りません。その反対のメンバーの誰もが×を付けた紙、あるいは×だらけの紙に、面白い着眼点があったり、それがまったく新しい発想だったりする場合も稀にあります。

「個全」は多数決ではないのです。だから、×が打たれてなくても、逆に×だらけでも、まずは「それ、ほんまか！」という視点でものを見ることが大切になってきます。こうすることで深掘りができ、より核心に迫ることが可能になるのです。

ボトムアップで「方針」ができる

メンバーたちがそれぞれ「現状として捉えておくべきもの」を紙に書き出し、「それ、ほんまか!」という視点で×を打ち、議論を闘わせることで、自ずと現状における問題点、課題というものが明らかになってまいります。

その後は、メンバー間で割り振り、調査、検討をして、「それらがどうなっているか」をより明確にしていく。そうやって「対象」に迫ることによって、最終的に「方針」を作り上げていくわけです。

これはつまり、下から積み上がってきた要素で「方針」を作るということ、トップダウンではなく、メンバーたちがみんなで「方針」を作り込んでいくボトムアップと言うことができるでしょう。

そこには当然、上に立つ人間の意志も貫かれていなければなりませんが、現場の人間たちが捉えた要素が最終的に集約されて一つの形になるため、完成した「方針」が単なるスローガンで終わることなく、それぞれにとっての「自分事」になるのです。

これこそが、「個全システム」活用における最大の効用だと感じています。「個全」を採り入れるようになってから、部下たちの意識も大きく変わってきたと、はっきり思えます。日頃の業務の中でも、曖昧なことがあればすぐに紙に書き出すという行動が随所で見受けられるようになりました。

このミーティングによって、自ら能動的に考え、調べ、結論を出そうという意識が、メンバー一人ひとりの中に芽生えてきたのは確かなようです。

第2部の展開を読み取るための補記

1「対象」とは

「対象」という言葉を知らぬ人はいないであろう。義務教育で教わる言葉である。小学生用の辞書には、例えば「心を向ける相手」などと説明されている。相手と言っても、それが人の場合もあれば、物などの有形、あるいは情報その他の無形のものもある。

「対象」が「対応」に自動変換されてしまう

ところが驚くことに、その概念をはっきりと意識して持っている人となるとゼロに近い。企業人で言えば一パーセントにも満たない。企業人に限らないであろう、「組革研」に集う企業人の中には元大学教授なども含まれているのだから。国語辞典の中にさえ、首をかしげるような説明がある。これは、知識人と言われる人たちを含めたオール日本人現象ではないだろうか。この本の読者もまた同様だと察する。

我われ人間は毎日、「対象」に「対応」しているのである。「対象」とかかわってそれと相互作用しているのである。

一一一ページの上図は、ごくごく単純に、仕事というものを表している。仕事ともなれば、「対象」に「対応」していくことの明け暮れだ。企業活動の「対象」を全般的に言えば、お客と商品ということになる。それをよく知らずして、「対応」ができようか。

と言うと、そんなことは百も承知だ、ばかばかしいと言われるに違いない。「組革研」の体験のない人にはそう思えてがまんならないであろうことを、百も承知で記している。

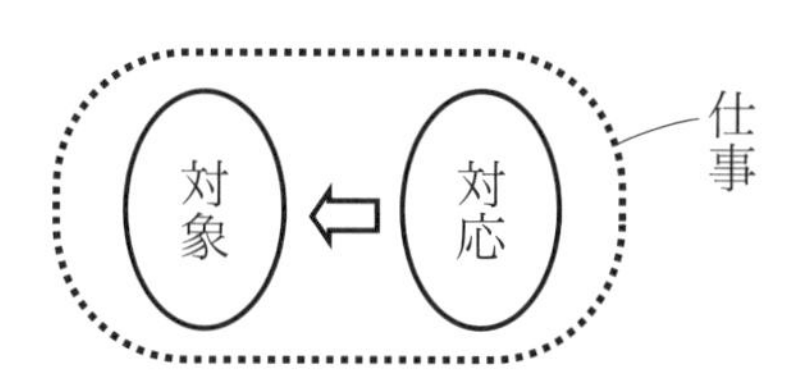
対象
対応
仕事

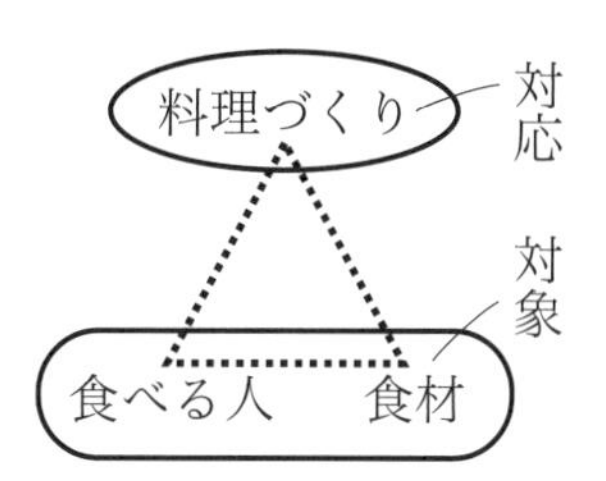
料理づくり
対応
対象
食べる人
食材

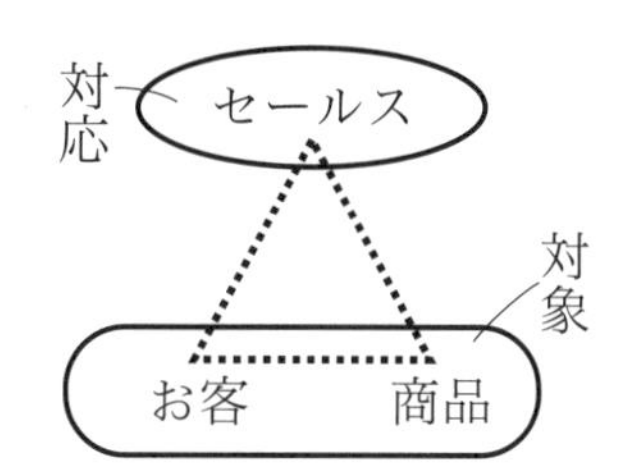
対応
セールス
対象
お客
商品

「組革研」での仕事のすすめかたは、何よりもまず「対象がどうなっているか」を明らかにすることにある。ところがそれが、ほとんどの人にとっては至難の業なのだ。丸一日を費やしても、たとえおぼろげながらでも「対象」の概念を意識化できる人は、半数にも満たない。

難解だからではない。言葉としてはわかっているらしい。それなのに、「対象」が瞬時に「対応」に変わってしまうのだ。

なぜ、知的レベルの高い人たちがそんなことになってしまうのか。企業の中では、当然のことながら、問題が起きると即「対応」が求められる。それが肉体化して、人びとの頭の中に「対象が対応に自動変換」されるプログラムが組み込まれているのではないか、とさえ思えてくる。

「対象三角形」

「対象」の概念を説明するのに、私はよく一一一ページの下の二つの図を用いる。名付けて「対象三角形」。

「対応」する「対象」は数多く同時に存在する。にもかかわらず二つに絞ることには、大事な二つの意味がある。一つは、「対応」すべき「対象」の優先順位を探ることになるから。もう一つは、二つに絞ることによって考えやすくなるからだ。真性天才の場合はこの限りでないであろう。

私はよく、料理づくりという仕事を例にして説明する。誰にとってもわかりやすいからだ。一一一ページの上図のように、まず最初に捉えるべき「対象」は、「食べる人」と「食材」である。料理づくりという仕事を一言で表すと、食べる人と食材をより良く結び合わせることだ。

一方の食べる人。赤ちゃんなのか、成人なのか、要介護老人なのか。健康人なのか、病人なのか。栄養やカロリーはどうなのか。どのような料理が好みなのか。他方の食材。茄子や胡瓜はどういう野菜なのか、鰯や鮪はどういう魚なのか、牛や鶏はどういう肉なのか。それは入手できるか、価格はどれほどなのか……等々。

それらを知らずして、料理を始めたとしたら、どういうことになるか。

医者にとっての「対象」は、患者の病状と医療知識・技術である。その医者が、患者の病状の正体をなんとかわかろうとはせず、ちらっと上っ面を見ただけで持ち合わせの知識・技術のみで治療という「対応」に入ったら、患者はどういうことになるだろうか。

セールスという仕事を表すと、一一一ページの下図のようになる。「対応」に研究・開発を入れれば、「対象」には市場ニーズと技術シードが入る。製造オペレーションの場合は、設備とそこを流れる物。人事なら、人と経営ニーズ。マネジメントを入れれば、「対象」には仕事と部下の状況が入ってくる。

いずれも、その仕事の「対象」を全般として捉えた場合の例である。「対応」の進捗に伴って、「対象」は部分に限定されてくる。

下の二つの「対象」をできるかぎり理想的に結合、それも限りなくローコストですすめていくのが、上の「対応」である。

「対応」は、「対象」が決める

「対象」と「対応」は、反対側の存在である。料理づくりの例では、食べる側と作る側だ。セールスの例では、買う側と売る側だ（わかりやすく表現するために「対象」の一方のみを例にした）。「対象」の概念無き故に、この「反対」がわからなくなってしまうらしい。

「対象」は絶対存在、「対応」にとっての〝神様〟なのである。「対応」の大枠は「対象」が教えてくれるからだ。

言い換えれば、「対応」の大枠を〝決める〟のは「対応」側ではなく「対象」側だ、ということである。即ち、「対象」状況がわかればわかるほど、「対応」は容易になるということだ。料理づくりの例一つをとってみても、それは一目瞭然であろう。

にもかかわらず人びとには、「対象」の概念もなければ、その意識もない。

「対象」をわかろうとはしない。

ばかなことを言うな、げんに、みんなちゃんと仕事ができているではないかなどとの反論が聞こえてくるかのようだ。できているのは、「対応」の長い来歴における経験によって無意識のうちにもたらされた程度のものだ、と断言せざるをえない。

2 「事実」とは（第1部4項、の一部と重複記載）

「事実」とは、実際・実在のことと客観的に認められ、誰にも否定できない事がらである。それに対して「観念」とは、事がらに関する見かた・考えかたであって、人それぞれに主観的に存在し、人によっては否定されうるものである。

ところがこの社会の大人のほとんどは、「事実」と「観念」の区別ができない。事がらに対する自分の見かた・解釈・思い込み、……等を「事実」だとして止まないのである。

企業人はもとより、学者、ジャーナリスト、国会議員、……等の多くがそれだ。この区別を人びとに期待するのはもはや絶望的かもしれない、とさえ思えてくる。私のかつての経験では、企業人、それも地位の高い人がこの区別ができるまでに丸一日のトレーニング時間を要した。これまた「対象」の概念無きと等しく、オール日本人現象なのであろうか。

例えば「(部下が)自分の業務範囲を限定してしまう」——先に記した「個全システム」セミナー参加者から出された「事実」と称するものの一つだ。だがこれは、「事実」ではない。これを出した人の解釈に過ぎない。部下の発言なり態度なりを見てこう思ったわけであろう。出した人に確認したらまさしくその通りであった。

そこでどうするか。

一つの方法は、出された「事実」だと称するものについて、「それはどういう場面に出会ってそう思ったのか」と、その場面や情景が目に浮かんでくるまで（穏やかに）問い質していくことである。それ以外には、私はお手上げだ。

「事実は小説よりも奇なり」という詩人・バイロンの言葉がある。「事実」は人を吸い寄せる。「観念」は逆に人を遠ざけかねない。

「事実」という概念に関して、理くつっぽいことだが念のため二つのことを追記しておく。一つは、「個体的・経験的なものであるから論理的な必然性はなく」とは『広辞苑』からの引用。もう一つは、我われは、「事実」をもってしてもそれが「事実」だと完璧には言いきれないということ。その理由は、それが現実の中のものなのかもしや夢の中のものなのか誰にも断定できないからだ、と言うのは哲学者のニーチェであったと記憶する。

「事実」と「観念」の線引きをどう求めるかが、実用上ではきわめて大事だ。

3「消化・発見法」とは

第1ステップ／「一覧一望」

「対象」状況に関する諸「事実」の、できるかぎり総てを、一望のもとに一覧できるようにする。

それらを、できるかぎりひと目で見渡せるようにボードに貼り出す。

○抜けがないように。

○できるかぎり現物に近く……文字より絵や写真、コピー、等々。

要は、生々しいほどよいということだ。

○右記は大きいほど良い。

第2ステップ／「わからないこと」

「一覧一望」の中から、「対象」状況はどうできているかについて、「わからないこと（わかっていないこと）」を書き出してリストアップする。

○数は多いほど良い。「組革研」では一人数百件に及ぶ。

○「書く」については、紙も文字も大きいほど良い。

第3ステップ／「調査項目」

「わからないこと」を秩序立てて整える。

○まずは「対象」のベースになっているらしきものから。

第4ステップ／「仮説」

調査項目ごとに、一〇以上の仮説を作る。

○仮説の一〇は、互いに似たもの（お隣のようなもの）ではだめ。

最初の仮説に対する二つ目の仮説は、最初の仮説を否定するような、あるいは反対側の仮説を立てる。このようにして、三つ、四つ……とすすめていく。
○たとえこじつけでもかまわない。とにもかくにも、見かたを三六〇度に拡げること。

第5ステップ／「調査」

○現物・現場をサンプリングしてそれに当たる。
その一部がどうなっているかではなく、サンプリングの全てを貫いているものを明らかにする。
○個で調べる。複数人でやらないこと。
「個全システム」を活用する場合は、別グループの人が同じ「調査項目」を調べることになる。

第6ステップ／「発見」

「対象」を成立させている「法則」を「発見」する。
○最初はベースを、次第に細部まで。

注記

＊1 「人・仕事関係」 著者が一九八二年に創唱した概念である。
「人間関係」とは人と人との係わりかたを指す。それに対して「人・仕事関係」とは、人と仕事との係わりかたを示している。

それには、大別して正反対の二種がある。人間らしい係わりかたと、ロボット（ＡＩ時代のそれではなく今までの）がごとき仕事の道具のような係わりかたである。

この見かたは未だ一般には意識化されていないが、この両者の実態は企業の中で歴然と存在している。

＊2 「人間力」 ＊1と時を同じくして著者が創唱した概念である。一九八九年に発刊された『「状況」が人を動かす』（毎日新聞社刊）には、既にこの言葉が登場している。
「私が『人間力』の発想にいたったのは、『道具力』を意識化したことに端を発している。『道具力』の着想は、企業の中で人びとが仕事の道具と化していることを

見せ付けられる日々の中から、自然発生したがごとく意識し出したものである」と著者は語る。

この言葉は今日一人歩きし、その定義は支離滅裂となっているが、創唱者である著者は、「その汎用性とか実用性に配慮すれば、『主体性』と『創造性』、それに『個性』を加えれば事足りる」としている。

前記著作のほか、『人を人として』（ＰＨＰ研究所刊）、『人間力をフリーズさせているものの正体』（シンポジオン刊）に詳しい。

＊3　「人を道具として」　＊2記載の著作に詳しい。

＊4　「道具力」　＊2記載の著作に詳しい。

＊5　「アウフヘーベン」　『朝日新聞』二〇一七年九月二七日「社会欄・ニュースＱ３」より

＊6「リード」　著者が一九七一年に創唱した「マネジメント」である。
「管理」とは著しく対照的なマネジメントであって、外来語のいわゆる「リード」ではない。その概念については＊2記載の著作に詳しい。

「組革研」では参加者がこの下で〝仕事〟をしているのであり、「組革研」に関連する企業に浸透しつつあるマネジメントである。

＊7「KJ法」　川喜田二郎氏（文化人類学者・東京工業大学教授・当時）が開発した発想法。
川喜田氏の著作は多数に及び、その中には「KJ法」の記載もある。

[著者]
藤田英夫（ふじた・ひでお）
1933年、東京に生まれる。
組織革新研究会キャンパスリーダー。
大中企業の「人と組織」の変革・「人間力」再生の研究と実践にあたっている。
著作／『「状況」が人を動かす』（毎日新聞社）、『人を人として』（PHP研究所）、『人間力』（NTT出版）、『人間力をフリーズさせているものの正体』（シンポジオン）、『脱「三逆リーダー」』（ダイヤモンド社）。

「個全システム」によるミーティング革新

2018年7月4日　第1刷発行

著　者――藤田英夫
発行所――ダイヤモンド社
〒150-8409　東京都渋谷区神宮前6-12-17
http://www.diamond.co.jp/
電話／03･5778･7235（編集）　03･5778･7240（販売）
装丁/本文デザイン　―斉藤よしのぶ
編集協力――安藤柾樹（クロスロード）
製作進行――ダイヤモンド・グラフィック社
DTP　―――インタラクティブ
印刷―――勇進印刷（本文）、加藤文明社（カバー）
製本―――本間製本
担当―――小出康成

ISBN 978-4-478-10589-4